# LIBERTÉ

## DE

# CONSCIENCE.

# LIBERTÉ

## DE

## CONSCIENCE.

### RESSERRÉE DANS DES BORNES

### *LEGITIMES.*

### TROISIEME PARTIE.

## LONDRES.

## M. DCC. LIV.

# DU
# CALVINISME.

*Tantum religio potuit suadere malorum !*
LUCR.

## LIVRE TROISIEME.

## CHAPITRE I.

*Que la persécution du Calvinisme en France n'est nullement du ressort de la religion, & qu'elle ne doit être traitée que selon les principes de la Politique.*

JE n'ai plus qu'à me laisser aller au cours paisible des conséquences qui coulent naturellement des principes que j'ai portés dans le second livre, pour faire voir d'une maniere sensible, que la religion, loin d'attiser la persécution que la France employe pour extirper entierement le Calvinisme, devroit au contraire gémir des maux qui sont la suite de cette persecution, & qui ne peuvent être justifiés que par l'utilité que la

*Part.* III.　　　A　　　　po-

politique peut en retirer. S'il eſt vrai, comme je crois l'avoir demontré, que le dogme de l'intolerance eſt contraire aux plus faines maximes de l'Evangile, qu'il rend le Chriſtianisme odieux dans tous les pays où il n'eſt pas encore reçu ; que la crainte qu'il ne perſécute à outrance ceux qui ne voudroient pas l'embraſſer, s'il devenoit aſſez fort pour ſe rendre formidable , fournit aux infidéles un prétexte plauſible de la bannir de leurs états ; qu'il juſtifie les anciennes perſécutions du paganisme qui firent nager tant de fois l'Egliſe dans ſon ſang ; qu'employer la violence pour lui gagner des proſélites , c'eſt lui donner avec le Mahometisme un trait de reſſemblance qui ſuffiroit ſeul pour le faire deteſter ; que la force eſt peu propre à éclairer l'entendement & à faire aimer la vérité ; que les loix pénales produiſent le même effet dans toutes les religions , dans la vraie comme dans la fauſſe , qui eſt ou de multiplier les proſélites , ou de faire des hypocrites de ceux qu'elles convertiſſent , ou de détruire , ſuivant le caractere des perſonnes ſur lesquelles elles agiſſent ; Que l'exemple de tant de Chrétiens tombés dans l'apoſtaſie, lors-même que le ſang de J. C. étoit encore , pour ainſi dire , tout chaud , ſa doctrine toute fraîche , l'eſprit du Chriſtianisme encore dans toute ſa force , doit être un frein contre toute perſécution

en

en fait de religion; que l'héréfie, tout
horrible qu'elle peut être aux yeux de Dieu,
mérite pourtant beaucoup d'indulgence
de la part des hommes; que ce crime n'eft
point du reffort du Magiftrat, parcequ'il
n'affecte pas immédiatement la fociété;
que le foumettre au glaive du Prince, c'eft
introduire beaucoup de confufion dans des
chofes très diftinctes par elles-mêmes;
que la fociété civile n'a pas plus de droit
fur les opinions, que la fociété religieufe
n'en a fur le temporel des Rois; qu'on
ne peut enfin regarder que comme des
monftres, ceux qui font affez aveugles pour
ne pas voir, au milieu de tant de lumiere
qui les environne, la néceffité & les avan-
tages de la tolerance: fi toutes ces chofes
font vraies, il eft évident que la religion
ne doit point armer le bras du Magiftrat
contre le Calvinisme, & que tout fon zéle
doit fe renfermer dans la pureté des
mœurs, la vivacité des exhortations, l'é-
loquence raifonnée des ouvrages compofés
pour détruire l'erreur.

Si le Clergé de France avoit fu fe con-
tenir dans ces bornes, que de maux il auroit épargnés à ce royaume! mais que ne
peut le zéle religieux! Il crut rendre à la
religion un fervice immortel, en animant,
par fes remontrances continuelles, les
Rois de France contre les Religionnaires;
mais la fuite des événemens a prouvé qu'il
n'a reüffi qu'à flétrir la memoire des Rois



per-

perfécuteurs, & qu'à éléver entre les Catholiques & les Proteftans un mur de divifion, qui ne fauroit être renverfé que par le moyen de la tolerance.

Le nom de Louis XIV. nom fi cher & fi précieux aux Mufes qu'il chérit & recompenfa fi liberalement, nom auquel Proteftans & Catholiques, François & Etrangers avoient joint celui de *Grand*, n'a pû fe defendre de la haîne générale que lui portent encore aujourd'hui ceux dont les peres furent perfécutés pour avoir eu des fentimens differens fur la religion. Les rares & belles qualités que toute l'Europe a admirées en lui, n'ont pu convrir entierement cette tache de fa vie. On eft indigné de voir un Prince fi grand oublier tout à coup ce qu'il eft, fe livrer à la merci de fon Clergé & perfécuter par principe de confcience ceux que fa politique auroit dû protéger contre la fureur du zéle religieux. Qu'il eût été à fouhaiter que dans cette occafion il eût été moins modefte, qu'il eût eu plus de confiance dans fes propres lumieres que dans celles de fon clergé, qu'il eût mieux connue toute l'étendue de fon genie ! il auroit compris, que des confeils fi violens ne pouvoient être infpirés par un zéle fincere pour l'orthodoxie ; il fe feroit apperçu que la religion ne détruit pas les paffions dans les hommes, & que les gens d'églife, de quelque opinion qu'ils foient, foit

qu'ils

qu'ils combattent pour l'erreur ou pour la vérité, font toûjours prêts à opprimer leurs adverfaires, quand ils font les plus forts. Les panégyriques & les vers compofés à fa gloire, iront, n'en doutons point, à la poftérité; fon grand nom les y traînera. Ils y feront un très grand bruit, & étourdiront le monde du fracas des fimples renverfés & du grand nombre de converfions opérés par fes édits: mais n'eft-il pas à craindre que les écrits des Proteftans ne fendent la preffe, qu'ils ne fe faffent jour & n'aillent interrompre ce concert de louanges données à la piété de Louis XIV. pour dévoîler aux yeux de la poftérité les circonftances que les Catholiques auront adroitement fupprimées! La poftérité lira dans ces écrits toutes les horreurs commifes par les dragons, qui furent envoyés dans les Provinces à la fuite des miffionnaires, pour être le digne fupport de ces Miniftres évangéliques. Elle y verra avec étonnement l'exécution de l'édit qui déclaroit valable la converfion des enfans de fept ans, comme fi dans un âge fi tendre ils avoient été capables de difcerner entre la vraie religion & les fauffes, & qui fous ce prétexte dépouilloit l'autorité paternelle de tous fes droits fur l'inftruction des enfans. Elle y verra toutes ces chofes & elle ne pourra juftifier la mémoire de Louis XIV qu'aux dépens du clergé qui furprit fa re-



li-

ligion, intéreſſa ſa conſcience, intimida
ſes eſprits & lui fit enviſager dans la perſécution du Calvinisme une action ſain-
tement heroïque. Elle ne pourra jamais
concevoir comment ſur des raiſons auſſi
foibles que celles qu'on lit dans St. Auguſtin,
le clergé a pu fonder l'apologie des perſécutions allumées par ſon zéle contre les
Calviniſtes. Si ce Pere avoit prévu la
véneration exceſſive qui l'attendoit dans
toute la ſuite de ſiécles, & de combien
de maux devoient être ſuivies en France
ſes differentes lettres écrites pour juſti-
fier les perſécutions de l'Empereur Hono-
rius ; ſans-doute que ſa grande charité l'eût
engagé à les ſupprimer, ou du moins à
les ajouter à ſon livre de *Retractations*.
L'autorité de ce Pere manquant au Clergé
de France, peut-être auroit-il mieux goû-
té les raiſons qui perſuadent la tolerance, & qu'il eût vû le renverſemenr de l'E-
vangile dans la maniere dure & violente
dont il s'y eſt pris pour le faire recevoir
aux Non-conformiſtes.

Je demanderois volontiers à ces zélateurs
furieux, qui, ſous prétexte de religion,
perſécutent, tourmentent & ruinent les
autres, s'ils en agiſſent ainſi par un principe d'amitié & de tendreſſe ? Seroit-il poſ-
ſible qu'ils ſouhaitaſſent avec ardeur le ſalut de ceux qu'ils font expirer au milieu
des tourmens, lors-même qu'ils ne ſont
pas convertis ! Croira qui voudra qu'une
telle

telle conduite part d'un fond de charité,
d'amour ou de bienveillance. Pour moi
je déclare qu'il m'eſt impoſſible de voir autre choſe, que l'orgueil & l'ambition des
uns, la paſſion & le zéle peu charitable
des autres, dans cet eſprit de perſécution
& de cruauté anti-chrétienne, qu'ils cou-
vrent des belles apparences de l'intérêt public & de l'obſervation des loix, de tendreſſe de conſcience & de ſincérité dans
le culte divin. Si leur zéle, en effet, ce
zèle ſi brûlant pour la gloire de Dieu, les
intérêts de l'Egliſe & ceux de l'âme,
mais qui brûle à la lettre & qui ſent le
fagot; ſi ce zèle, dis-je, étoit pur & ſin-
cere, pourquoi s'attacheroit il ſeulement
à extirper l'héréſie? Seroit-elle donc un
plus grand crime que l'injuſtice, la forni-
cation, la fraude, la malice & pluſieurs
autres crimes de cette nature, qui tendent
à la ruine du Chriſtianisme? Je ne vois
pas que par un principe de charité & d'a-
mour paternel, on dépouille de leurs biens
ceux qui ſont entachés de ces vices énor-
mes, ni qu'on leur inflige des peines cor-
porelles, ni qu'on les faſſe périr de faim
& de froid dans de ſombres cachots, ni enfin qu'on leur ôte la vie. On n'eſt cruel
& implacable qu'envers l'héréſie; & l'indulgence eſt toute entiere pour les vices
& les deſordres. Cependant s'il eſt permis d'uſer d'indulgence, ce devroit être
plûtôt à l'égard des hérétiques, qui mal-

A 4

heu-

heureufement aveuglés par le bandeau de l'erreur, s'imaginent marcher dans les fentiers de la vérité, qu'à l'égard des fourbes, des adulteres, des épicuriens voluptueux, qui confeffent du moins qu'ils font mal. Je me défie d'un zéle, qui le fer en main pourfuit l'héréfie & qui épargne les mœurs corrompues. On croit fouvent racheter fes péchés, en perfecutant ceux qui ne penfent pas comme nous ; mais le plus fouvent ce zéle eft une paffion que l'amour propre nous fait confondre avec l'amour de la religion. La religion n'eft tout au plus ici qu'un voile fous lequel nous cachons les vrais penchans de nos cœurs.

Que le zéle éccléfiaftique fe taife donc & qu'il ceffe de preffer vivement une perfécution que l'évangile défend. La feule perfécution qu'il ordonne contre l'héréfie, c'eft de l'éclairer. Mais fi la religion n'a pas droit de perfécuter le Calvinifme par le fer & par le feu, la politique, qui a pour but la confervation de l'état, n'auroit-elle point ce droit, notamment à l'égard de cette héréfie particuliere ? c'eft ce que nous allons examiner dans les chapitres fuivans.

CHA-

# CHAPITRE II.

*Que les guerres civiles, que le Calvinisme a allumées en France, ne font point une raifon fuffifante de le perfécuter.*

L'héréfie peut être envifagée fous deux rapports differens, qui font ou le falut de l'âme, ou les intérêts politiques de l'état. Quant au premier, toute héréfie eft funefte & pernicieufe pour le falut de ceux qui en font infectés; mais ce n'eft pas une raifon pour qu'on doive les perfécuter. Ils ne pourroient l'être que par celui qui eft revêtu d'un pouvoir coactif, c'eft-à-dire, par le Magiftrat civil. Or le pouvoir coactif, comme nous l'avons prouvé, ne peut s'appliquer aux opinions contre lesquelles il ne peut rien. Il n'a de prife que fur les mouvemens du corps & non fur les fentimens de l'âme qui eft un fanctuaire impénétrable à tout autre qu'à Dieu. D'ailleurs, fi le Prince a droit de perfécuter ceux qui ne penfent pas comme lui en matiere de religion, nous fommes donc obligés de lui obéir & de changer de religion à fes ordres; car un droit qui ne feroit pas fondé fur une obligation réelle ne pourroit être que chimerique. Or comme la vérité n'eft pas le partage de

tous les Princes, il s'en fuivroit que nous ferions obligés de recevoir l'erreur & de lui rendre nos hommages, fi nous avions le malheur d'être nés fous la domination de Princes hérétiques ; & par une autre conféquence non moins abfurde que la premiere, notre falut ou notre damnation feroient attachés aux lieux où nous ferions nés. N'allez pas m'objecter que nous ne fommes obligés de nous conformer aux ordres du Prince, que lorfqu'il eft Orthodoxe. Oui, fans doute, vous repondrai-je, pourvû que vous me laiffiez juger de fon Orthodoxie. Or je ne puis reconnoître pour Prince Orthodoxe que celui qui a fur la religion les mêmes fentimens que moi. Tant que le Prince ne m'impofera pas d'autres fentimens que les miens, il n'a pas à craindre de trouver en moi un fujet rebelle. En voulant me forcer à obéir à un Prince, qui eft effectivement Orthodoxe, mais que ma prévention me montre comme hérétique, on exige de moi que je lui foûmette ma confcience, & que je l'y faffe dominer à la place de Dieu-même. C'eft affûrément un grand crime que d'être hérétique ; mais c'en eft un bien plus grand d'être Orthodoxe, quand on l'eft feulement pour obéir à fon Prince & avec la perfuafion qu'on eft hérétique. Car alors on facrifie au Prince & fon Dieu & fa religion ; ce qui me paroît le plus horrible de tous les crimes. L'héréfie eft dans le cœur & l'Or-
tho-

thodoxie n'eſt que dans la bouche.

L'héréſie , dans ſon rapport avec les intérêts politiques, peut être ſans doute perſécutée par le Prince, lorſque par ſes maximes elle ſe trouve en oppoſition avec eux. Ce n'eſt que dans ce rapport, & non dans celui qu'elle a avec le ſalut des âmes, que le Prince a droit de ſévir contre elle. Etabli par Dieu-même & par les hommes pour veiller à la conſervation de l'état, il a reçu d'eux tout le pouvoir qui eſt néceſſaire pour réprimer les maux qui pourroient lui donner atteinte ; & conſéquemment pour châtier les héréſies qui troubleroient le repos public. On feroit mal fondé à réclamer ici les droits de la conſcience ; elle les perd abſolument, dès là qu'elle s'en prend aux maximes fondamentales du gouvernement & de la morale. Autrement il faudroit la reſpecter dans ces monſtres que l'enfer a vomis pour le malheur du genre humain, & qui, le bandeau du fanatiſme ſur les yeux, ont oſé baigner leurs parricides mains dans le ſang-même des Rois. Il ne s'agit plus que d'examiner ſi le Calviniſme eſt dans le cas d'être reprimé par le Prince, comme peu propre à s'allier avec les intérêts politiques.

Les guerres de religion, dites - vous, dont le Calviniſme a rempli la France durant tant d'années , & qui ont mis pluſieurs fois ce Royaume à deux doigts de ſa perte, ne ſont-elles pas une raiſon ſuffiſante

pour

pour qu’on employe contre lui le fer &
le feu, pour l’extirper entiérement? l’efprit de rebellion n’eſt - il pas comme naturel à cette héréſie? Par-tout où elle s’eſt
établie, n’a-t-elle pas fait couler le ſang?
Il eſt vrai que tant qu’elle fut foible, elle
parut toûjours ſoumiſe, & qu’elle donna
même pour un fondement de ſa religion,
qu’elle ne ſe croyoit pas permis non ſeulement d’employer la force, mais encore
de la repouſſer. Mais on ne fut pas longtems à s’appercevoir que c’étoit là une de
ces modeſties que la crainte inſpire &
un feu couvert ſous la cendre. Sous le
régne de François premier & de Henri II.
Princes abſolus, elle ne cauſa point de
troubles en France. La force du Gouvernement la contenoit alors dans ſon devoir, elle étoit condamnée à blanchir d’é-
cume le frein qu’on lui avoit mis : mais
dès que le Gouvernement fut foible &
partagé, les querelles de religion furent
violentes. Le regne auſſi foible que court
de François II. lui-donna de l’audace. Elle ſe ſentit aſſez forte pour ne plus diſſi-
muler le feu qu’elle avoit nourri longtems
dans ſon ſein. Il éclata enfin dans la conjuration d’Amboiſe, durant la minorité de
Charles IX. & ſous la régence d’une Reine, dont toute la politique n’alloit qu’à
ſe maintenir par de dangereux ménage-
mens, oppoſant ſans ceſſe les Condé & les
Coligni aux Guiſes & toûjours prête à

changer

changer de religion, conformément aux vûes intereſſées de l'ambition qui la dé- voroit.

Dans tous les lieux où la Réforme put ſe rendre la plus forte par l'appui que lui prêterent les puiſſances, elle voulut re- gner ſeule. Elle immola les évêques & les prêtres ſur les autels-mêmes où ils avoient fait couler tant de fois le ſang de J. C. elle les renverſa d'un piéd dédaigneux, elle briſa les images, elle proſcrivit les Catholiques, les bannit & les priva de leurs biens, & en quelques endroits, de la vie-même, par les loix publiques, com- me par exemple en Suéde. On n'a pas en- core oublié les violences que la Reine de Navarre exerça ſur les Prêtres & ſur les Religieux. „ On montre encore, dit Mr. „ Boſſuet *Liv.* 10 *Var.* 1. les tours d'où on „ précipitoit les Catholiques & les abî- „ mes où on les jettoit, les puits de l'é- „ vêché où on les noyoit dans Nîmes ; „ & les cruels inſtrumens dont on ſe ſer- „ voit pour les faire aller au préche, ne „ ſont pas moins connus de tout le mon- „ de. On a encore les informations & „ les jugemens, où il paroît que ces ſan- „ glantes exécutions ſe faiſoient par la „ délibération du conſeil des Proteſtans. „ On a en original les ordres des géné- „ raux & ceux des villes à la réquête des „ conſiſtoires, pour contraindre les *Pa-* „ *piſtes à embraſſer la Réforme par tout, par*
„ *taxes*

„ *taxes, par logemens, par démolitions de maisons*
„ *& par découverte de toits.* Ceux qui s'abſen-
„ toient pour éviter ces violences, étoient
„ dépouillés de leurs biens : les regîtres
„ des Hôtels de ville de Nîmes, de Mon-
„ tauban, d'Alais, de Montpellier &
„ des autres villes du parti, ſont pleins
„ de telles ordonnances ". Voilà où en
vinrent ceux qui d'abord ne nous van-
toient que leur douceur. C'étoit un crime, ſelon eux, que d'employer la force
pour contraindre les conſciences. Mais,
quoique dans leur foibleſſe, ils affectaſ-
ſent de ſe couvrir de la peau des brebis,
on pouvoit dèslors prévoir, que, lorſ-
qu'ils ſeroient devenus plus forts, ils agi-
roient en lions. L'aigreur, l'amertume
& la fierté, qui ſe faiſoient ſentir dans
leurs premiers livres, leurs invectives ſan-
glantes contre le clergé & les moines, les
calomnies dont ils noirciſſoient la doctrine
de l'Egliſe Romaine, les ſacriléges, les
impiétés, les idolâtries qu'ils ne ceſſoient
de lui reprocher, la haîne qu'ils inſpi-
roient contre le Pape, les pilleries qui furent l'effet de leurs premiers prêches ; l'aigreur & la violence qui parurent dans
leurs placars ſéditieux contre la Meſſe ;
tout cela étoit comme le ſignal & le funeſte avant-coureur des guerres civiles, dont
ils ont déchiré dans la ſuite le ſein de leur
patrie. Encore, ſi ces guerres n'avoient
dû leur origine, qu'à la fureur de la nou-
veau-

veauté & qu'à l'enthoufiasme, on n'auroit rien à reprocher au Calvinisme qu'on ne puiffe reprocher à toute nouveauté en matiere de religion, laquelle ne peut s'introduire dans les états fans y caufer des troubles ; mais un caractere qui femble propre au Calvinisme, & qui doit le faire détefter par deffus toutes les autres héréfies, c'eft qu'il eft rebelle & féditieux par fyftême, & qu'il a autorifé dans fes fynodes la doctrine qui permet de prendre les armes pour caufe de religion.   On en peut voir la preuve bien détaillée dans le 10. livre des variations.

Ce principe eft une fuite des maximes republicaines, affez communes dans la Réforme, & qui ont fait dire d'elle, qu'elle étoit bien plus propre à s'allier avec une Republique qu'avec une Monarchie.   Mr. l'évêque d'Agen, dans fa lettre à Mr. le Controlleur général où il fe déclare hautement pour l'intolerance des huguenots en France, n'a pas manqué de décrire d'un ftyle fort & énergique tous les défordres auxquels elles ont donné lieu. Voici comme il s'exprime. ,, A pei-
,, ne les Calviniftes fe font-ils montrés
,, dans le monde, qu'on a vû tous les
,, Royaumes ébranlés par leurs maximes
,, feditieufes & par leurs armes.  La fac-
,, tion des gueux en Flandre, foutenue
,, & conduite par la valeur & la politique
,, des Princes d'Orange, a fouftrait de la

mo-

,, monarchie efpagnole les Provinces puif-
,, fantes qui avoient toûjours été foumi-
,, fes à leur fouverain. La Republique
,, de Hollande eft née de l'héréfie & de la
,, rébellion. L'Ecoffe s'arma contre une
,, des plus illuftres Reines qu'il y eût ja-
,, mais eue & après mille outrages faits
,, à fa perfonne, la força de fe retirer en
,, Angleterre, où cette malheureufe Prin-
,, ceffe périt par la jaloufie de fa rivale
,, & de fon ennemie. Ce font ces mêmes
,, Calviniftes, qui, fous le nom de Pu-
,, ritains, animés & conduits par Crom-
,, wel, bouleverferent l'Angleterre, fup-
,, primerent la chambre haute, éteignirent
,, la Monarchie, fonderent une Républi-
,, que nouvelle & qui enfin, mettant le
,, fceau à tous leurs excès, mirent le com-
,, ble à leur crime par le jugement & la
,, mort de leur Roi. De ces mêmes prin-
,, cipes a été formée la révolution d'An-
,, gleterre en 1688. où les Wigs, quel-
,, quefois amis des Rois par politique,
,, toûjours ennemis de la royauté par ma-
,, xime, appellerent le gendre pour arra-
,, cher la couronne de la tête du beau-
,, pere. Quels étoient leurs difcours ! Nous
,, les lifons encore dans divers écrits qui
,, ont paffé jufqu'à nous. Le Roi, difoient-
,, ils, n'eft que le dépofitaire de l'autori-
,, té dont la fubftance réfide dans le peu-
,, ple: c'eft le peuple qui fait les Rois;
,, tout ce qu'ils ont de pouvoir eft émané

de

„ de lui ; c'eſt un dépôt, qu'il a mis en-
„ tre les mains du Prince : dépôt qu'il
„ peut reprendre, lorsque peu ſatisfait
„ de ſa conduite, il croit voir que le Roi
„ ne remplit pas les conditions & la fin
„ pour laquelle il a été mis en place ;
„ que même le ſimple dégoût qu'il a
„ pour la perſonne du Prince, l'autoriſe
„ ſuffiſamment à le lui enlever, puisque
„ c'eſt le bien du peuple & que le Roi
„ eſt l'homme du peuple : or, diſoient ils,
„ Jaques II. favoriſe une religion proſcri-
„ te dans l'état, où il léve & met des im-
„ poſitions ſans le concours de la cham-
„ bre baſſe, il fait des alliances contre le
„ goût & les inclinations du peuple an-
„ glois ; en faut-il davantage pour retirer
„ de ſes mains une commiſſion qu'il ne
„ remplit point ſelon les vûes du peuple
„ qui l'en a chargé ? Telles étoient les ma-
„ ximes, qui enfanterent la funeſte ré-
„ volution qui priva Jaques II. de ſon
„ trône, & qui le chaſſa de ſa patrie :
„ maximes puiſées dans les auteurs pro-
„ teſtans. Buchanan, Milton, Looken,
„ Locke, ont employé leur eſprit, leur
„ érudition à faire valoir cette même
„ doctrine : doctrine pernicieuſe à tous
„ les Gouvernemens qu'elle ſoumet au
„ caprice du peuple, parce qu'elle le fait
„ propriétaire de l'autorité, mais encore
„ plus deſtructive de la Monarchie ”
Mais de quelle ſource empoiſonnée peu-

*Part.* III.          B                    vent

vent être forties ces maximes, qui tendent à attaquer,, à ébranler l'autorité des Rois? Du principe-même de leur foi, qui leur a appris à méprifer le pouvoir & le jugement de l'Eglife. Ils n'ont fait qu'étendre les conféquences de leurs principes, ils n'ont fait qu'appliquer aux Monarchies ce qu'ils avoient penfé fur le jugement des premiers Pafteurs. L'extinction de la Hiérarchie Eccléfiaftique, fuite néceffaire de cet efprit particulier que les Calviniftes ont erigé en arbitre de la foi, a répandu fon influence jufques fur la Monarchie même. Voici comme le démontre le même Prélat. ,, Ils ont donc
,, affûré (les Calviniftes) que les chefs a-
,, voient été donnés à la multitude des
,, fidéles, que le fond du pouvoir réfi-
,, doit dans le peuple maître de l'attribuer
,, à qui il voudroit & comme il vou-
,, droit. D'inftituer & de détruire felon
,, fon befoin & fa volonté, il n'y a plus
,, qu'un pas à faire delà à l'autorité des
,, Rois. Effectivement, comment celui
,, qui fe croit indépendant dans les cho-
,, fes du premier ordre, dans celles qui
,, font plus effentielles à l'homme, dans
,, celles qui regardent fon âme, fon fa-
,, lut, fon Dieu, comment, dis-je, de-
,, venu maître dans cet ordre, pourroit-
,, il confentir d'être affujetti dans un autre
,, bien moins confidérable? Les liens de
,, la religion ne font-ils pas bien plus

,, forts

„ forts que ceux de l'empire? Qui a pu
„ brifer les uns, pourroit-il fupporter
„ les autres? Non; auffi avons-nous
„ vû, que tous les efforts des Calvini-
„ ftes en France avoient pour but de for-
„ mer des affociations entre les grandes
„ villes du Royaume & de faire un corps
„ de république. Ils y furent invi-
„ tés par les déclamations de leurs Paf-
„ teurs, qui, leur mettant devant les yeux
„ les exemples des Macabées, ne cef-
„ foient de les animer à fe procurer la
„ liberté de Religion par les armes ''. U-
ne Religion, qui comme le Calvinifme eft
rebelle par principe, Républicaine par
fyftême, toûjours prête au moindre bruit
à prendre les armes, toûjours factieufe à
la Cour, toûjours féditieufe dans les Provinces, toujours liée avec les ennemis de
l'état, peut-elle trouver un azile dans la
France, qui par fa conftitution eft un gouvernement monarchique? Quand donc le
Calvinifme ne mériteroit pas, à titre d'héréfie, d'être pourfuivi par le fer & par le
feu, il devroit l'être du moins, à caufe de
fes maximes féditieufes & diamétralement
oppofées à l'effence de la Monarchie. Le
zèle politique devroit ici faire à l'égard de
cette Religion ce que nous avons prouvé
être défendue au zéle eccléfiaftique.


B 2                    CHA-

# CHAPITRE III.

*Réponse aux difficultés proposées dans le Cha-*
*pitre suivant.*

LE tableau frappant des guerres de religion, dont le Calvinisme alluma la
flâme dans le sein de la France, forme sans
doute une accusation des plus graves & des
plus importantes. Les Protestans ont sen-
ti de quelle conséquence il étoit pour eux
de s'en laver. Il est dur pour des person-
nes qui ont protesté cent fois qu'elles n'a-
voient que de l'horreur pour les guerres
de religion, d'en être convaincues par leurs
adversaires. C'est ce qui est arrivé aux
Protestans. Frappé, comme on peut le
croire, de la force de l'objection, je par-
courus avidement leurs ouvrages, pour y
chercher une réponse satisfaisante. Dans
le dessein où j'étois d'établir la tolerance
civile, & d'éteindre, s'il est possible, le
feu du zéle ecclésiastique qui brule les
Calvinistes en France, j'apportai à la lec-
ture de leurs livres un esprit très bien dis-
posé. Il n'a pas tenu à moi que je n'ai
trouvé excellentes les raisons par lesquelles ils tâchent de couvrir cette honte de la
Réforme. J'atteste Dieu de ma sincérité :
mais ces raisons ont fait sur moi une im-
pression

preffion toute contraire à mes defirs. Le crime de rebellion eft trop vivement empreint dans les guerres qu'ils ont entreprifes contre nos Rois, pour qu'une main Proteftante puiffe jamais l'effacer. Bayle lui-même, dont l'efprit étoit animé & foutenu de l'ardeur la plus vive de juftifier fa religion d'un tel attentat, y a échoué tout le premier. Ce que n'a pû Bayle, comment l'aurois-je pu moi-même, qui n'a pas comme lui le talent admirable, de prêter aux chofes même les plus fauffes une couleur favorable ? Dès les premieres lettres de fa *critique de l'Hiftoire du Calvinifme*, il héfite & montre fon embarras. Je le vois difcourir à perte de vue fur les incertitudes des hiftoires & fur les partialités des hiftoriens, lorfqu'il devroit articuler des faits clairs & précis. Il faut qu'il ait eu bien mauvaife opinion de fes lecteurs, s'il a cru les éblouïr par ces lieux communs. Quand il s'agit d'évenemens reculés, on peut, s'ils ne font pas favorables, chercher à les éluder par le fcepticifme ; mais l'appliquer à des événemens auffi voifins que le font de nous les guerres civiles qui ont enfanglanté la France, c'eft avouer foi même qu'on n'a rien de bon à dire. Où peut être la difficulté de nous affurer que les guerres que les Proteftans ont faites à nos Rois, ont été des guerres de religion ? Il n'y a qu'à lire les traités de paix & les édits de pacification, dont

le fond étoit toujours la liberté de conscience, & quelques autres priviléges pour
les Réformés. Laiſſons ici les ſecondes
& les troiſiémes guerres civiles. Elles
ſont deſtituées même des plus vains pré-
textes, puiſque la Reine y concouroit alors
avec toutes les puiſſances de l'état. Les mé-
contentemens & les contraventions, dont
on pallie ſa révolte dans la Réforme, ſont
une excuſe frivole, & n'ont de poids qu'en
préſuppoſant cette erreur, que des ſujets
ont droit de prendre les armes contre leur
Roi pour la religion, encore que la religion ne preſcrive que d'endurer & d'obéir.
Mais ſi cela eſt ainſi, que devenoit alors
cette horreur que les Proteſtans avoient au
commencement conçu des ligues & des
guerres de religion ? Que devenoient toutes ces belles proteſtations de ſoumiſſion,
par leſquelles ils déclaroient qu'un chrétien ne peut ſoutenir la liberté de conſcience autrement qu'en ſouffrant ſelon
l'évangile en toute patience & humilité ?
Que devenoit enfin cette maxime de Béze
tant louée dans le parti, *que c'étoit à l'é-
glise de Dieu d'endurer les coups & non pas
d'en donner; mais qu'il falloit ſe ſouvenir que
cette enclume avoit uſé beaucoup de marteaux ?*
Il ſe trouva à la fin que contre la nature
l'enclume ſe mit à fraper, que laſſée de
porter les coups elle en donna à ſon
tour.

Mais pourquoi la conjuration d'Amboiſe

...d boife n'a-t-elle pas été tramée par maxime de Religion ; pourquoi les premieres guerres civiles étoient-elles politiques & non des guerres de Religion ? Ho, vous dira Bayle, c'eft qu'il paroît par les mœurs peu chaftes & par toute la conduite du Prince de Condé, qui en étoit le chef, qu'il y avoit *plus d'ambition que de religion dans fon fait, & que la religion ne lui fervit qu'à trouver des inftrumens de vengeance.* Il eft vrai que la Religion n'étoit qu'un pretexte dont le Prince de Condé favoit couvrir adroitement fon ambition ; que fon but étoit d'éloigner les Guifes du miniftere qu'ils avoient entiérement envahi, que fon grand courage & fa naiffance ne lui laiffoient voir qu'avec une efpéce d'indignation que fon Roi fût efclave des étrangers , pendant que fa qualité de Prince du fang ne lui donnoit aucun crédit à la cour, & qu'il y languiffoit fans gloire & fans honneur. La puiffance des Guifes, qui fe prévaloient de la foibleffe d'une régence pour gouverner impérieufement, étoit plus que fuffifante pour donner de l'ombrage au Prince de Condé & pour piquer vivement fon ambition. Mais ce qu'on impute à la Religion, qui fe difoit Réformée, c'eft qu'elle ait été un inftrument fi prompt de la vengeance d'un Prince ambitieux, & que ç'ait été le crime de tout le parti. Bayle luimême ne diffimule pas que le Prince de Condé trouva fort commode d'intéreffer à sa cause les Huguenots, leur représentant que la maison de Guise étoit la seule cause de leur misere que, si l'on parvenoit une fois à l'éloigner du timon des affaires, ils obtiendroient pleine liberté de conscience; que la Religion enfin fut l'instrument dont il se servit pour les engager dans une guerre dont l'unique ressort étoit son ambition. De ces refléxions de Bayle je conclus que l'ambition du Prince fomenta cette conjuration, & que les Protestans par esprit de parti, par fanatisme, par excès d'aveuglement, s'y précipiterent d'eux-mêmes.

Et pourquoi n'en pas croire Béze, qui tout enyvré du zéle de sa Religion, ne craint point d'avancer que la conjuration d'Amboise étoit une affaire de Religion, & que c'étoit une entreprise menée par les Protestans ! Et quand il ne le diroit pas, la chose ne parle-t-elle pas d'elle-même ? N'est-il pas évident qu'elle a été formée à l'occasion des exécutions de quelques-uns du parti, & surtout de celle d'Anne du Bourg, ce prétendu martyr ? n'est-ce pas, après avoir pris l'avis des plus sages théologiens & des plus fameux jurisconsultes tant de France que d'Allemagne, qu'elle fût arrêtée & conclue ? Ces Théologiens & jurisconsultes qu'on consulta étoient Protestans, selon Mr. de Thou auteur nullement suspect ; & l'épithéte de doctes Théologiens que Béze leur

donne

donne ne permet pas de croire qu'ils fuf-
fent autres que des Réformés. Cette plus
faine partie des états, dont on demandoit
le concours, n'étoit-elle pas presque toute compofée de Proteftans? Ces Princes
du fang, *Magiftrats nés dans cette affaire*,
ne furent-ils pas réduits au feul Prince de
Condé, proteftant déclaré, quoiqu'il y
en eût pour le moins cinq ou fix autres,
& entre autres le Roi de Navarre frere
aîné du Prince, mais que le parti craignoit
plutôt qu'il n'en étoit affûré? Après des
preuves fi frappantes peut-on encore dou-
ter que le deffein de la nouvelle Réforme
ne fût d'être maîtreffe de l'entreprife?

On ne vouloit, dit-on, qu'arracher du
miniftere les Guifes qui abufoient du
crédit que leur donnoit leur place, pour
fatisfaire leur haîne contre ceux de la nouvelle religion. On ne vouloit rien atten-
ter contre le Roi, ni contre la Reine, ni
contre la famille royale. On ne fe propo-
foit rien autre chofe, finon de préfenter
au Roi un requête pour avoir la liberté de
confcience, & pour le pourvoir d'un bon
& légitime confeil. On voit affez clai-
rement que ce confeil n'auroit jamais été
bon & légitime, que le Prince de Condé
avec fon parti n'en fût le maître, & que
les Reformées n'euffent obtenu tout ce
qu'ils vouloient. Mr. Boffuet nous fournit une réponfe vigoureufe à ce qu'allé-
guent ici les Proteftans pour fe défendre.

 *N'é-*

N'étoit-ce rien dans un état, que d'y revoquer en doute la majorité du Roi, & d'éluder les loix anciennes qui la mettoient à 14 ans du commun consentement de tous les ordres du royaume? d'entrepren re sur ce prétexte de-lui donner un conseil tel qu'on voudroit? d'entrer dans son palais à main armée? de l'assaillir & de le forcer? d'enlever dans cet a-sile sacré & entre les mains du Roi le Duc de Guise & le Cardinal de Lorraine, à cau-se que le Roi se servoit de leurs conseils? d'exposer toute la cour & la propre personne du Roi à toutes les violences & à tout le carna-ge qu'une attaque si tumultuaire & l'obscurité de la nuit pouvoit produire? enfin de prendre les armes par tout le royaume, avec la resolution de ne les poser qu'après qu'on auroit forcé le Roi à faire tout ce qu'on vouloit? Quand il ne faudroit ici regarder que l'injure particu-liere qu'on faisoit aux Guises, quel droit a-voit le Prince de Condé de disposer de ces princes, de les livrer entre les mains de leurs ennemis, qui, de l'aveu de Béze, faisoient une grande partie des conjurés, & d'employer le fer contre eux, comme parle Mr. de Thou, s'ils ne consentoient pas volontairement à se retirer des affaires? . . . Que devient la so-ciété, si de tels attentats sont permis? mais que devient la royauté, si on ose les exécuter à main armée dans le propre palais du roi, arracher ses ministres d'entre ses bras, le met-tre en tutelle, mettre sa personne sacrée dans le pouvoir des séditieux qui s'étoient emparés

de

» *de son château, & soûtenir un tel attentat par*
» *une guerre entreprise dans tout le royaume?*
] Hift. des var. liv. 10. art. 32.

Il ne refte plus aux Proteftans , pour
» détourner loin d'eux tout l'odieux de la
» conjuration d'Amboife, que de la couvrir
» du nom de la Reine mere , régente du royaume , & de dire qu'elle ne fut entreprife que par fes ordres.   Auffi le font-ils ;
ils citent les lettres de la Reine , qui prioit
le Prince de vouloir bien conferver la
mere & les enfans & tout le royaume
contre ceux qui vouloient tout perdre.
*Mais,* repond l'illuftre Boffuet, *deux rai-*
*fons convaincantes ne laiffent aucune reffource*
*à ce vain prétexte.  La premiere, c'eft que la*
*reine qui faifoit en fecret au prince cette ex-*
*hortation, n'en avoit pas le pouvoir, puis qu'on*
*eft d'accord que la régence lui avoit été défé-*
*rée, à condition de ne rien faire de conféquen-*
*ce que dans le confeil avec la participation &*
*de l'avis du Roi de Navarre, comme premier*
*Prince du fang & lieutenant général établi*
*du confentement des états dans toutes les pro-*
*vinces & dans toutes les armées durant la mi-*
*norité.  Comme donc le Roi de Navarre re-*
*connoit qu'elle perdoit tout par le defir inquiet*
*qui la tourmentoit de conferver fon autorité,*
*& qu'elle fe tournoit entierement vers le prin-*
*ce & les huguenots, la jufte crainte qu'il eut*
*qu'ils ne devinffent les maîtres, & qu'à la fin*
*la reine-même par un coup de defefpoir ne fe*
*mît entre leurs mains avec le roi, lui fit rom-*
*pre*

*pre les mesures de cette princesse. Les autres princes du sang lui étoient unis aussi bien que les princes du royaume & le parlement. Le Duc de Guise ne fit rien que par les ordres de ce roi; & la reine connut si bien qu'elle passoit son pouvoir dans ce qu'elle demandoit au prince, qu'elle n'osa jamais user envers lui d'autres paroles que de celles d'invitation; de sorte que ces lettres tant vantées, ne sont à vrai dire, que des inquiétudes de Catherine, & non-pas des ordres légitimes de la régente; d'autant plus ( & c'est la seconde démonstration) que la reine n'écoutoit le prince que pour un moment, & par la vaine terreur qu'elle avoit conçue d'être dépouillée de son autorité; ensorte qu'on croyoit bien, dit Mr. de Thou, qu'elle reviendroit de ce dessein, aussi tôt qu'elle seroit rassurée. En effet, la suite fait voir qu'elle rentra de bonne foi dans les desseins du Roi de Navarre; & depuis elle ne cessa de négocier avec le prince pour le rappeler à son devoir. Ainsi ces lettres de la reine & tout ce qui s'ensuivit, n'est reputé par les historiens qu'un vain prétexte. Ibid. art. 45.*

Pour moi j'admire comment les Protestans se sont amusés à dire que leurs guerres étoient purement politiques & non de religion, tandis qu'il étoit si facile aux Catholiques de leur prouver le contraire. Pourquoi perdre le tems à tournoyer dans des réponses dont ils sentoient eux-mêmes toute la foiblesse? Pourquoi ne pas dire tout d'un coup que les sujets ont droit de

pren-

prendre les armes contre un roi qui veut ufurper fur la confcience un empire que Dieu s'eft refervé à lui feul? Eft-ce donc qu'ils étoient encore retenus par quelque pudeur, & qu'ils rougiffoient en fecret d'en être venus jufques-là? En vérité, après tant d'innovations faites dans la religion, ils étoient bien bons d'être arrêtés par un fcrupule auffi leger. Auffi ne furent-ils pas longtems à s'en décharger. Il fut enfin décidé dans la Réforme qu'on pouvoit faire la guerre à fon Roi, du moins en fe défendant, pour caufe de religion. Dans une affemblée, où étoient les principaux de l'églife, on propofa cette queftion, favoir, fi on pouvoit en confcience faire juftice du duc de Guife; & là il fut repondu, ainfi que nous l'apprenons de Béze, *qu'il valloit mieux fouffrir ce qu'il plairoit à dieu, fe mettant feulement fur la défenfive, fi la néceffité amenoit les églifes à ce point. Mais que, quoiqu'il fût, il ne falloit les premiers dégaîner.* Liv. 6. page 6. C'eft conformement à cette nouvelle maxime, que la Réforme a cru pouvoir ajouter à l'évangile, ce que le même Béze déclare encore, *qu'il avoit averti de leur devoir, tant Mr. le Prince de Condé que Mr. l'Amiral & tous autres feigneurs & gens de toute qualité, faifant profeffion de l'évangile, pour les induire à maintenir, par tous moyens à eux poffible, l'autorité des édits du roi & l'innocence des pauvres oppreffés; & depuis il a toûjours conti-*

*tinué en cette même volonté, exhortant toute
fois un chacun d'user des armes à la plus grande modestie qu'il est possible, & de rechercher
après l'honneur de Dieu, la paix en toute choses, pourvû qu'on ne se laisse tromper ni de-
cevoir.* L'exemple lui en avoit été donné
par les Lutheriens, qui avoient excité des
troubles en Allemagne, par les Vaudois
qui venoient tout récemment dans leurs
vallées faire la guerre contre les Ducs de
Savoye leurs souverains, par les Vicle-
fites qui avoient fomenté des seditions
en Angleterre, par les Taborites qui a-
voient exercé leurs fureurs dans la Bohë-
me. C'est donc une doctrine constante
dans la Réforme, qu'on peut prendre pour
cause de religion les armes contre son roi
& contre sa patrie; & cette doctrine est
scellée de l'approbation de ses synodes.
C'est derriere cette raison, comme derriere un rampart impénétrable, que les
Protestans sa cachent, lorsqu'ils sont vivement pressés par les Catholiques sur
leurs guerres. Si vous leur opposez l'e-
xemple des premiers chretiens, qui, sous
les coups de la persecution la plus violente ne sont jamais sortis de la modération
& de la patience qui leur étoient prescrites, ils vous répondront que leur exemple
est admirable, mais inimitable ; qu'on
peut bien être chrétien sans être aussi par-
fait qu'eux ; qu'après tout, s'ils ne se sont
pas révoltés, c'est qu'ils ne pouvoient faire

au-

autrement; que cette patience invincible,
dont on les loue tant, étoit l'effet de leur
foiblesse & d'une crainte judicieuse. Si
vous vous récriez contre une réponse aussi
impertinente, en leur faisant voir qu'ils
étoient aussi soumis sous Diocletien &
même sous Julien l'apostat, lorsqu'ils rem-
plissoient déjà toute la terre, que sous Ne-
ron & Domitien, lorsqu'ils ne faisoient
que de naître, ils vous demanderont, lequel vaut mieux, ou de ne pas imiter comme eux la patience des premiers chrétiens,
ou d'imiter la violence des payens comme
les Catholiques, qui se servent pour exterminer les huguenots d'une violence
aussi inhumaine que celle des empereurs
payens. Cette réponse est accablante pour
les Catholiques, dont l'intolerance ôte à
l'exemple des premiers Chrétiens toute la
force qu'ils devroient avoir naturellement
contre les Protestans qui s'y font si peu
conformés.

Je demanderois volontiers aux Protestans, qui se croyent en droit de faire la
guerre à leurs souverains, sous prétexte
qu'ils ne leur laissent pas une pleine liberté de conscience, pourquoi ils n'ac-
cordent pas a la conscience errante des
princes persécuteurs la même liberté qu'ils
veulent obtenir d'eux pour leur conscience errante? Si la conscience errante a
tant de privilége & de liberté, s'il faut la
laisser faire sans aucun obstacle & donner

ner à ceux qu'elle guide une pleine liberté d'en fuivre les mouvemens, il s'enfuit
qu'ils devroient donc fupporter avec toute forte de patience les princes qui perfé-
cutent par principe de confcience ; fouffrir paifiblement toutes les démarches
qu'ils font pour extirper l'erreur de leurs
états ; leur laiffer déployer leurs puiffance, dans cette vue, fans y mettre la moindre oppofition.  Car ces princes perfécuteurs ne fe portent le plus fouvent à perfécuter que par principe de confcience,
fe fondant fur l'obligation où ils font de
protéger le vrai culte & d'extirper l'héréfie. On fait que c'étoit de la meilleure
foi du monde que Louis XIV. perfécutoit
fes fujets huguenots, & qu'il avoit cou-
tume de dire, qu'il confentiroit volontiers
à être privé de fes bras, fi par cette am-
putation douloureufe il pouvoit ramener
dans le fein de l'églife fes fujets errans.
Si vous prenez, dirai-je aux Proteftans,
les armes contre un prince perfécuteur,
vous commettez contre lui l'injuftice même dont vous vous plaignez.  Vous génez
fa confcience, vous empêchez qu'elle ne
fe déploye & ne s'exerce, comme elle
voudroit, c'eft-à-dire, que vous faites
précifément par rapport à lui, ce que vous
ne voulez pas qu'il vous faffe, & que vous
ufez envers lui de cette même violence que
vous ne pouvez fouffrir de fa part.  Vous
ne pouvez avoir droit d'armer contre lui,
qu'il

qu'il n'ait lui même le droit de vous perfécuter. Sa confcience; errante fans doute, lui dit qu'il doit vous perfécuter, pour s'oppofer aux progrès de votre doctrine ; pourquoi lui feroit - il défendu d'en écouter la voix, tandis que vous écoutez bien la voix de votre confcience qui vous permet de n'être pas patiens à fon égard? Avouez, que fi le prince n'a pas droit de gêner vos confciences, vous n'avez pas non plus celui de gêner la fienne. Il abufe, dites-vous, de fon autorité, j'en conviens ; mais eft-ce une raifon qui vous autorife à vous révolter contre lui? Le mal qu'il fait peut-il donc juftifier celui que vous faites?

Loin d'ici cette tolerance qui fonne ie tocfin, qui crie aux armes, qui fouléve les peuples contre leurs fouverains, qui devient intolerante pour les princes, qui, pour fe foutenir, expofe la patrie à toutes les horreurs d'une guerre civile & remplit les états de carnage & d'effroi. La vraie tolerance, la feule qui foit digne d'un chrétien, ne prend point un ton violent & féditieux. Amie de la paix, elle prêche aux hommes, non la fédition, la révolte, mais la patience, la foumiffion. Loin de divifer les hommes par des guerres civiles & par des guerres de religion, elle travaille à en éteindre les flâmes. Toûjours refpectueufe pour les puiffances, elle leur fait entendre fes doux accens; & fi elles ferment l'oreille à fa voix, elle fe contente de gémir en fecret. Elle propofe à fes difciples l'exemple admirable des premiers chretiens, toûjours foumis & toujours perfécutés fous les empereurs. Elle ne leur donne point d'autre leçon que celle que le plus grand poëte de nos jours a fi bien exprimée dans fa Henriade :

Infidéles pafteurs ! indignes citoyens !
Que vous reffemblez mal à ces premiers chrétiens,
Qui bravant tous ces dieux de métal & de plâtre,
Marchoient fans murmurer, fous un maître idolâtre,
Expiroient fans fe plaindre, & fur les échafauts,
Sanglans, percés de coups, béniffoient leurs bourreaux !
Eux feuls étoient chrétiens, je n'en connois point d'autres.
Ils mouroient pour leurs Rois : vous maffacrez les vôtres;
Et Dieu que vous peignez, implacable & jaloux,
S'il aime à fa venger, barbares, c'eft de vous.

Mais en convenant de l'injuftice des guerres civiles & religieufes, que le parti Proteftant a allumées en France & fur lesquelles il ne me paroît pas poffible de le juftifier, je fuis bien éloigné de conclurre avec les intolerans, à la tête defquels on peut mettre aujourdhui l'Evêque d'Agen, qu'il faille employer le fer & le feu pour les extirper du royaume. Voilà de ces fureurs & de ces emportemens du zéle, qui deshonorent l'épifcopat & qui

font

font vomir aux hérétiques mille blafphê-
mes contre l'églife Romaine. La haîne
pour Rome s'eft entrêmement fortifiée
dans tous les pays proteftans des fureurs
qui caractérifent la fougueufe lettre de ce
prélat. On y a reconnu toute la hauteur
de la domination épifcopale & toute l'ardeur de ce zéle qui en veut bien plus aux
perfonnes qu'aux erreurs. C'eft une chofe étrange, que les gens du monde, qui
devroient être naturellement plus violens
que les gens d'églife, foient néanmoins
plus modérés qu'eux dans les perfécutions
de religion. Ce font ceux la mêmes, qui
font les fuccefleurs des apôtres, qu'on
voit animer les Rois & les Magiftrats ; leur
mettre le fer à la main ; fe plaindre de leur
molleffe ; accufer la moderation avec laquelle ils temperent la rigueur de leurs
ordonnances ; leur faire craindre mille pé-
rils chimériques, s'ils ne fe défont pas
une bonne fois de tous les Non-confor-
miftes ; réveiller contre eux les paffions
& les jaloufies les plus délicates des Souverains. Ceux qui ne peuvent fouffrir
dans un état d'autre religion que la leur,
font des gens qui pour l'ordinaire n'en
croyent aucune, mais qui font pourtant
bien aifes qu'il y en ait une parmi le peuple qui foit floriffante & dans laquelle ils
dominent. A cette fougue de zéle, qui
voudroit exterminer les huguenots, op-
pofons le zéle charitable de cet évêque de
 Li-

Lisieux, qui empêcha l'exécution des ordres envoyés par le Roi au Lieutenant-de-Roi de la province, pour faire maffacrer tous les huguenots de cette ville. Ce prélat, digne fucceffeur des Apôtres, déclara au Lieutenant-de-Roi, *qu'il s'oppofoit, & qu'il s'oppoferoit toûjours à l'execution d'un pareil ordre : que les huguenots étoient fes oüailles quoiqu'égarées ; qu'il ne voyoit pas dans l'evangile, que le pafteur doive fouffrir qu'on répande le fang des brebis, au contraire qu'il y trouvoit, qu'il eft obligé de verfer fon fang & de donner fa vie pour elles ; qu'on n'avoit qu'à s'en retourner avec cet ordre ; qu'on ne l'exécuteroit jamais, tandis que Dieu lui conferveroit la vie qu'il ne lui avoit donnée que pour l'employer au bien fpirituel, & même au temporel de fon troupeau.* Que ce langage eft cher à un cœur qui aime l'humanité & qui brûle d'un vrai zéle pour la religion! Le pere Maimbourg qui rapporte ce trait fi glorieux à la memoire de ce prélat, obferva qu'il fut fuivi de la converfion des huguenots. Un procédé fi noble, fi généreux, fi chrétien, leur gagna le cœur; & ils voulurent être de la religion d'un homme qui la rendoit fi refpectable. Le même auteur remarque que l'héréfie ne put être éteinte dans les flots de fang qu'un zéle inhumain verfa dans les autres villes : tant il eft vrai que la

ten-

* Hift. de Calv. par Maim. page 486.

tendre humanité eſt bien plus propre à arracher des conquêtes à l'héréſie, que la
terreur des ſupplices !

Toutes ces guerres de religion que la
Réforme a ſoutenues contre ſes princes,
ſont moins ſon crime, que celui du clergé intolerant qui a voulu ſur peine des plus
cruels ſupplices, qu'elle vît les choſes de
la même maniere qu'on les voyoit à Rome.
Il a voulu avoir plus d'empire ſur la conſcience, que Dieu lui-même n'en prend !
que Dieu, dis-je, qui quoique maître
abſolu de toutes choſes, ſe dépouille entiérement de ſon autorité ſur notre âme,
pour ne pas bleſſer ſa liberté, & qui ne
la conduit où il veut que par des infléxions
douces & bénignes. Il s'eſt attribué le
pouvoir de contraindre l'âme à ne point
penſer ce qu'elle voudroit ; elle qui eſt
née libre, elle ſur qui les tyrans les plus
féroces n'ont jamais pû étendre leur domination, comme l'ont reconnu tous les ſa-
ges de l'antiquité.

Je voudrois bien ſavoir quel droit le
prince a acquis ſur ma maniere de penſer,
pour qu'il m'inflige des peines, ſi je n'ai
pas l'eſprit tourné comme lui, & ſi je n'en-
viſage pas une doctrine avec les mêmes
yeux. Qu'il me puniſſe, ſi je trouble
mon voiſin dans la poſſeſſion de ſon bien,
ſi je le tue, ſi je le maltraite ; mais qu'il
ne me ſoit pas permis de penſer comme il
me plaît, mais que je ne puiſſe pas hono-

rer Dieu de la maniere qui me paroît la meilleure pour ma confcience, fans ré-douter fa vengeance, c'eft en vérité agir d'une façon trop tyrannique. Je me fuis dépouillé de ma liberté, pour la remettre entre les mains du fouverain, afin que ré-uniffant en lui la force de tous les parti-culiers, il puiffe me protéger contre ceux qui voudroient me la ravir. Tout gou-vernement, s'il eft bien adminiftré, peut me procurer cet avantage ; mais il n'en eft pas de même de mon falut, que je ne puis trouver que dans la vraye religion. Com-me il n'y a point de raifon pour que le prince y foit plûtôt que moi, je ferois bien téméraire de laiffer mon falut flottant au gré de fes caprices. *C'eft une chofe é-trange*, difoit un jour un gentil-homme à un Curé grand perfécuteur des huguenots, *qu'il ne foit pas permis de fe damner en Fran-ce à fon aife ; & laiffez les damner tout leur faoul, puifqu'ils le veulent ; auffi bien ne les fau-vez vous pas ; car ce n'eft point fauver un hé-rétique, que de le faire changer de religion, par force, par menaces, par une fomme d'ar-gent.*

Ceux qui par un accès d'humeur tyran-nique ou de tendreffe fuperftitieufe pour leur propre fyftême, fe portent à enfrain-dre la liberté de confcience, s'imaginent que les maux qui réfultent de leur violen-ce, font l'effet de la diverfité des fectes religieufes ; diverfité qui réellement ne

peut

peut être que très nuifible & très préju-
diciable à l'état, dès que l'on viole les
droits de la religion. Mais au lieu de
revenir de leur erreur & de rétablir la
liberté religieufe, ce qui étoufferoit le mal
dans fa naiffance en lui ôtant toute nour-
riture, ils prennent la voye directement
contraire, & ils s'efforcent de remedier
au mal par les principes qui en ont été
la premiere caufe. C'eft ce dont la France nous fournit un exemple bien éclatant.
Si elle a été fi longtems en proye aux horreurs des guerres civiles, fi fes campagnes
ont été fi fouvent teintes du fang de fes
enfans, qu'elle fe prenne à elle-même
de tous ces défordres. Si, comme le difoit Catherine de Medicis, on avoit permis aux huguenots d'avoir *leur faoul de
prêches*; fi on leur avoit accordé, ce que
la nature reclame pour nous tous, la liberté de confcience! on peut bien affûrer
que l'état des affaires politiques n'eût point
fouffert d'altération, & qu'ils euffent con-
couru avec la religion dominante au bonheur & à la profpérité du Royaume. Il
eft vrai qu'il auroit fallu les exclure de
tous les emplois; moyen unique de les
empêcher de cabaler, comme nous avons
eu occafion de le dire, lorfque nous avons
expliqué en quel fens il eft expédient pour
un état de n'avoir qu'une religion: mais du
moment qu'on voulut forcer leurs confciences & ufurper fur elles un droit qui

C 4

n'ap-

n'appartient qu'à Dieu seul, ils se mutine-
rent contre un joug si injuste. Delà toutes
ces guerres de religion, qui sont moins le
crime de la Réforme, que de l'intoleran-
rance que l'on a eue pour elle. Vous ne
pouvez retracer le souvenir funeste de toutes ces guerres, qui ont ébranlé la France jusques dans ses fondemens, que vous
ne fassiez l'apologie de la tolerance qui auroit prévenu tous ces maux.

Mais enfin ces maximes séditieuses qui
caractérisent la réforme, n'ont-elles rien
de funeste aux états ? Et toute secte qui
les prêche, ne mérite - t- elle pas qu'on la
proscrive & qu'on la bannisse de tous les
états ? Mais, puis-je demander à mon
tour, cette intolerance dont se parent
les Catholiques, ce sentiment, qui quoique abjuré par le clergé de France, sa-
voir *qu'un Roi excommunié est déchu de son
trône*, est néanmoins enseigné par le plus
grand nombre des Catholiques; n'ont-ils
donc rien de contraire aux gouvernemens ?
Des gens qui n'attendent qu'une occasion favorable pour envahir les droits de
la société, les biens & les priviléges de
leurs compatriotes, & qui ne demandent
la tolerance du Magistrat que pour en
priver les autres, dès qu'ils auront les
moyens & la force d'en venir à bout; des
gens qui sont persuadés que le Pape a le
pouvoir de délier les sujets du serment de
fidélité qu'ils doivent à leurs princes (or

tels

tels font en général les Catholiques) ces gens-là, dis-je, ne font-ils pas pour une monarchie des fujets auffi dangereux que ces fiers républicains qui naiffent dans le fein de la Réforme ? Les prétentions de la cour de Rome, portées à l'excès, fourniffent aux Proteftans des raifons très fortes en faveur de leur religion, confidérée dans fes rapports avec la politique. On peut en juger par ce morceau extrait des memoires de Brandebourg. „ Dans les mo-
„ narchies la religion proteftante, qui ne
„ reléve de perfonne, eft entierement
„ foumife au gouvernement; au lieu que
„ la Catholique établit un état fpirituel,
„ tout puiffant, fécond en complots & en
„ artifices, dans l'état temporel du Prince ;
„ enforte que les prêtres qui dirigent les
„ confciences & qui n'ont de fupérieurs
„ que le Pape, font plus maîtres des peu-
„ ples que le fouverain qui les gouver-
„ ne ; & que par une adreffe à confondre
„ les intérêts de Dieu avec l'ambition des
„ hommes, le Pape s'eft vû fouvent en
„ oppofition avec des fouverains, fur des
„ fujets qui n'étoient aucunement du ref-
„ fort de l'églife. " A cette reflexion des memoires de Brandebourg, ajoutons cette autre de Mr. de Voltaire dans fon fiécle de Louis XIV. „ Prêter ferment à un autre
„ qu'à un fouverain, eft un crime de lefe-
„ Majefté dans un Laïque ; c'eft dans le
„ cloître un acte de religion. La difficul-


„ té

„ té de favoir à quel point on doit obéir
„ à ce fouverain étranger, la facilité de
„ fe laiffer féduire, le plaifir de fecouer
„ un joug naturel, pour en prendre un
„ qu'on fe donne à foi-même, l'efprit de
„ trouble, le malheur des tems, n'ont
„ que trop fouvent porté des ordres en-
„ tiers de religieux à fervir Rome contre
„ leur patrie ". Nous ne pouvons donc
rien objecter de ce côté-là aux Proteftans,
qu'ils ne puiffent rétorquer contre nous.
Si nous avons à craindre d'eux, n'ont-ils
pas à craindre de nous ?

En général, l'efprit de révolte & de
fédition ne procéde pas du crime de l'héréfie : ce n'eft pas, parce qu'on eft Réfor-
mé, que l'envie de fecouer le joug de fon
prince prend aux gens. Il a ordinaire-
ment fa fource dans les mœurs des peuples, dans la maniere dont on les traite,
dans l'ascendant que des âmes fortes &
ambitieufes prennent fur la multitude. Les
meilleurs Catholiques y tombent fi fouvent, qu'il eft étrange, qu'on ofe faire
une perpétuelle liaifon du fchifme & de
la mutinerie. Il faut n'avoir rien lû pour
ne pas voir que ce n'eft que par accident
que l'héréfie & l'orthodoxie concourent à
la fidélité ou à la rébellion des fujets envers leurs fouverains légitimes. Je pour-
rois produire ici plufieurs exemples du
peu de foumiffion que les Catholiques ont
eu pour leurs fouverains. Les fureurs de

la

la Ligue, & les excès auxquels elle s'eſt portée contre Henri III. & contre Henri IV. ne montrent que trop de quoi ſont capables les Catholiques, quand ils ſont poſſédés de l'eſprit de parti. Mais ne rouvrons point les bleſſures de notre patrie. Il nous ſuffit que les maximes d'une ſecte n'influent point ſur les guerres qui bouleverſent les états. Il faut en chercher la cauſe dans je ne ſai quel eſprit de vertige, que Dieu répand quelquefois ſur les nations.

# CHAPITRE IV.

### *De la révocation de l'édit de Nantes.*

LA révocation de l'édit de Nantes eſt le coup le plus ſenſible qui ait été porté aux égliſes proteſtantes. Elle a fourni, & elle fournit encore de nos jours, la matiere de tous ces diſcours, où la douleur la plus vive parle & éclate en ſoupirs. Si elle s'en fût tenue à déplorer le triſte état de tant d'égliſes, qui auparavant étoient ſi floriſſantes, & qui ſubſiſtoient à l'ombre d'un édit irrévocable & tant de fois confirmé de la maniere la plus ſolemnelle, on n'auroit aucun reproche à faire aux Réformés de France. Le moins qui ſoit permis à des malheureux, c'eſt

de

de se plaindre des maux qu'ils souffrent. Il y auroit de la cruauté à contraindre la douleur, & à l'empêcher de s'exhaler. C'est un triste plaisir que celui de se baigner dans ses larmes & on n'a pas dû en priver les huguenots : mais que cette douleur, ne connoissant plus de bornes, s'échappe en propos indécens, en satyres sanglantes, en discours envenimés contre la thiare des Pontifes & la couronne des Rois, c'est une faute qui ne sauroit trouver d'excuse dans l'esprit des honnêtes-gens. On peut quitter une religion qu'on croit fausse ; mais il ne convient jamais d'insulter à ceux qui la professent. Les injures ne tinrent jamais lieu de raisons. Pourquoi donc les faire entrer dans des disputes où elles sont absolument étrangeres ? Les chrétiens ne comprendront-ils jamais de quelle flétrissure ils chargent leur religion, en permettant à leurs haînes violentes de la défendre contre des adversaires redoutables ?

Je fais cette remarque à l'occasion de tant de libelles diffamatoires, qui échapperent de la plume des Protestans, lors de la révocation de l'édit de Nantes. Au-lieu de cette modestie, de cette douceur, de cette onction qu'on voit couler de la plume des véritables chrétiens, lorsqu'ils ont eu le bonheur de souffrir pour la vérité, on voit au contraire, le fiel de la satyre distiler de celle des Protestans. On

peut

peut dire que l'intempérance de leur plume, en attaquant des têtes couronnées,
que toutes fortes de raifons devoient ga-
rantir de l'infulte des libelles, a extrêmement nui à leur caufe. Les Catholiques
Anglois, que leur amour pour Jaques II.
attacha au deftin malheureux de ce prince, n'ont pas cru qu'il leur fût permis,
parce qu'ils étoient en France, de décla-
mer contre l'Angleterre leur patrie. Ils
ont donné aux Proteftans de France l'exemple d'une fi louable moderation ; pourquoi ces derniers ne les ont-ils pas imités ?
Il eft étonnant que des gens qui fe difent
fufcités extraordinairement de Dieu, afin
de rétablir dans toute fa pureté le Chriftianifme tombé en ruine & en défolation,
aient pû noircir le papier de mille horreurs
contre ce qu'il y a de plus facré, de plus
éminent & de plus augufte. Les chretiens
des trois premiers fiécles, en bute à des
perfécutions infiniment plus cruelles que
celles des Proteftans, & fous des empereurs infiniment plus déréglés que les princes qui les ont perfécutés, s'aviferent-ils
jamais de publier des libelles contre ces
Empereurs, contre leurs maîtreffes & contre leurs miniftres d'état ? Cependant,
quelle matiere de fatyre ne fourniffoient
ils pas contr'eux-mêmes ! Que ne devoit-
elle pas produire entre des mains habiles !
Quelle fécondité de faillies qui naiffoien*
naturellement du fujet, & auxquelles fe
re-

refufa la charité chrétienne! Que le filence des chrétiens fur les vices des empereurs qui les perfécutoient eft édifiant! Qu'il eft d'un héroïfme divin! quelle gloire pour le chriftianifme! En vain prétendroit-on affocier à fa licence les Cyrilles & les Gregoires de Nazianze, qui fe font permis, par zéle de religion, des invectives contre l'empereur Julien. Car outre que ce prince n'étoit plus vivant, lorfqu'ils calomnierent fa memoire, c'eft par leurs beaux côtés, & non par leurs défauts, qu'il faut copier les Peres, quand on fait tant que de fe propofer leur conduite pour modèle de la fienne. A Dieu ne plaife que j'enveloppe dans ce reproche tous les Proteftans. Il y en a parmi eux un grand nombre, qui déteftent ces excès, & dont les regards fe portent continuellement vers leur patrie, d'où l'intolerance les a bannis.

Mais laiffons tous ces excès de fureur & d'animofité, par lefquels fe font fignalés plufieurs écrivains Proteftans, & ne nous arrêtons qu'à ce qui peut y avoir de jufte dans les plaintes qu'a occafionnées de leur part la caffation l'édit de Nantes. On fait qu'Henri IV. pour fatisfaire fon goût & fa politique, accorda au parti proteftant, pour prix de fes fervices & de fon zéle inviolable, ce célébre édit en 1598. Cet édit n'étoit au fond que la confirmation des priviléges que les Proteftans de Fran-

ce

ce avoient obtenus les armes à la main, &
que Henri le grand affermi fur le trône
leur laiffa par bonne volonté. Par cet é-
dit ils jouïffoient de l'exercice libre de leur
religion ; ils pouvoient faire imprimer,
fans s'adreffer aux fuperieurs, tous leurs
livres, dans toutes les villes où leur religion étoit permife ; ils étoient déclarés
capables de toutes les charges & dignités
de l'état ; leurs églifes s'affembloient en
fynodes, comme l'églife Gallicane ; ils
avoient féance dans les parlemens compofés de chambres mi-parties, Catholiques
& Calviniftes. Voyez *le fiécle de Louis IV.*
par Mr. de Voltaire à l'endroit où il parle du Calvinifme. En donnant cet édit,
l'intention de Henri IV. n'étoit pas de le
révoquer un jour, ni qu'il le fût par fes
fucceffeurs. Voici comme ce grand Roi
s'exprime au fujet de la vérification de cet
édit : *je ne trouve pas bon d'avoir une chofe
dans l'intention & d'écrire l'autre : & fi quelques uns l'ont fait, je ne veux pas faire de
même. La tromperie eft par tout odieufe, mais
elle l'eft davantage aux princes, dont la parole doit être immuable.* Il voulut le rendre
immortel ; & pour cet effet il lui oppofa
le fceau du ferment le plus facré. Par-là
il devint un engagement de la couronne,
& une loi perpétuelle de l'état. Ses fucceffeurs, Louis XIII. & Louis XIV. ju-
rerent en conféquence de cet édit de
main-

maintenir les proteſtans dans la poſſeſſion paiſible de leurs priviléges.

Il s'agit maintenant de ſavoir ſi Louis XIV. a pû ceſſer avec juſtice ce que lui & ſes prédeceſſeurs avoient qualifié *d'édit perpétuel & irrévocable*; car c'eſt en ces termes qu'eſt conçu l'édit de Nantes. Les Proteſtans prétendent qu'il ne l'a pû, qu'au mépris de la foi publique & de la religion des ſermens; deux choſes que les Rois les plus abſolus doivent reſpecter. Quelques écrivains catholiques, comme le Pere Maimbourg & Soulier, ont entrepris de prouver que cet édit étoit purement proviſionnel, qu'il n'avoit été accordé que par l'urgente néceſſité des tems, & pour certaines raiſons qui ne ſubſiſtent plus maintenant. Les raiſons ſur lesquelles ils appuyent cette prétention, ſont ſi frivoles, qu'elles ont préparé aux Proteſtans la matiere d'un triomphe injurieux aux catholiques. Quelle eſt cette urgente néceſſité des tems, qui a pû extorquer à Henri IV. l'édit de Nantes! Ce Roi n'avoit-il pas terraſſé la ligue & terminé heureuſement la guerre qu'il avoit eue contre l'Eſpagne! Les huguenots n'étoient-ils pas alors déſarmés & ſans chef! Quelles ſont encore ces raiſons, qui ont donné occaſion à l'édit de Nantes & qui ne ſubſiſtent plus maintenant? La grande & unique raiſon de l'édit de Nantes ſubſiſte toûjours

jours. Elle eſt fondée ſur l'obligation eſ-
ſentielle où eſt un prince de ne point contraindre la conſcience de ſes ſujets. Mais
dites-vous, cet édit ayant été accordé à
des rébelles qui le demandoient les armes
à la main, ſoûtenus des forces de l'étranger, il eſt évident qu'en le donnant on a
cedé à la néceſſité des tems, & que les
proteſtans ne peuvent ſe prévaloir de ces
termes, *perpétuel & irrévocable*, dont les
circonſtances du tems rendoient l'uſage
abſolument néceſſaire. Des termes moins
forts n'auroient pas ſatisfait les proteſtans,
qu'il étoit de l'intérêt public de ménager,
d'autant qu'ils étoient aſſez puiſſans pour
ſe faire craindre & pour troubler l'état. Il
eſt ſi faux, répondront les proteſtans, que
nous ayons obtenu l'édit de Nantes, les
armes à la main, ſoûtenus des forces de
l'étranger, que c'eſt nous-mêmes qui avons
délivré la France des forces de l'étranger,
que les catholiques avoient fait venir :
c'eſt nous-mêmes qui depuis longtems com-
battions pour les Rois de France contre
les rébelles : c'eſt à nous qu'Henri le Grand
eſt redevable de ſa couronne, qui lui étoit
diſputée par ſes ſujets catholiques. Il eſt
vrai qu'auparavant nous avions pris les
armes, pour nous maintenir dans l'exercice paiſible de notre religion. Si nous n'a-
vions à l'édit de Nantes d'autre droit que
celui que donne la violence, on auroit pû
ſans doute profiter de notre foibléſſe pour

le révoquer dans la fuite des tems. Mais cet
édit eft l'ouvrage d'une volonté abfolument
libre. Lorfque Henri IV. nous l'accorda, fa puiffance étoit alors trop bien affermie, pour qu'il donnât à la crainte ce
que fa politique prudente n'auroit jamais donné dans des temps plus heureux.
S'il nous fit jouïr des droits attachés à la
liberté de confcience, c'eft qu'il jugea
qu'ils étoient légitimes, & que c'étoit entreprendre contre la divinité-même que
de vouloir dominer fur les confciences.

Les Proteftans, direz-vous encore, en
abufant, aprés la mort de Henri IV. dans
la foibleffe d'une minorité & fous une
cour divifée, des priviléges qui leur avoient été accordés par l'édit de Nantes,
ne méritoient-ils pas avec juftice d'en être
dépouillés? Après avoir rompu les premiers les conditions du traité fait avec eux,
les Rois n'étoient plus tenus de l'obferver; ils étoient dégagés du ferment, fous
le fceau duquel ils avoient juré de n'y donner aucune atteinte. Que les Proteftans
aient contrevenu à l'édit de pacification,
c'eft ce qui eft attefté par des faits qu'ils
entreprendroient vainement de nier. ,,Les
,, Huguenots, dit Mr. de Voltaire dans
,, fon *fiécle de Louis XIV.* avoient déjà é-
,, tabli en France des *cercles* à l'imitation
,, de l'Allemagne. Les députés de ces cer-
,, cles étoient fouvent féditieux, & il y
,, avoit dans le parti, des feigneurs pleins
,, d'am-

„ d'ambition. Le Duc de Bouillon , &
„ fur-tout le Duc de Rohan le chef le plus
„ accrédité des huguenots, précipiterent
„ bientôt dans la révolte l'esprit remuant
„ des prédicans & le zéle aveugle des
„ peuples. L'assemblée générale du parti osa
„ dès 1615. présenter à la cour un cayer,
„ par lequel, entre autres articles inju-
„ rieux, elle demandoit qu'on reformât
„ le conseil du Roi.  Ils prirent les armes
„ en quelques endroits dès l'an 1616; &
„ l'audace des huguenots se joignant aux
„ divisions de la cour, à la haîne contre
„ les favoris, à l'inquiétude de la nation,
„ tout fut longtems dans le trouble. C'é-
„ toit des féditions, des intrigues, des
„ menaces, des prises d'armes, des paix
„ faites à la hâte & rompues de même ;
„ ce qui faifoit dire au célébre Cardi-
„ nal Bentivoglio alors Nonce en Fran-
„ ce, qu'il n'y avoit vû que des orages.
„ Dans l'année 1621. les Eglifes Calvi-
„ vistes de France offrirent à Lesdiguie-
„ res, cet homme de fortune devenu de-
„ puis connétable, le généralat de leurs
„ armées & cent mille écus par mois ;
„ mais Lesdiguieres , plus éclairé dans son
„ ambition qu'eux dans leurs factions , &
„ qui les connoissoit pour les avoir com-
„ mandés, aima mieux alors les combattre
„ que d'être à leur tête ; & pour réponse à
„ leurs offres, il se fit catholique. Les hu-
„ guenots s'adresserent ensuite au maréchal

D 2

„ Duc

,, Duc de Bouillon, qui dit qu'il étoit
,, trop vieux ; & enfin ils donnèrent cet-
,, te malheureuse place au Duc de Rohan,
,, qui conjointement avec son frere Sou-
,, bise, osa faire la guerre au Roi de Fran-
,, ce ".

J'avoue que ces rébellions, reste malheureux du feu des anciennes guerres civiles, avoient acquis au Roi le droit de
casser l'édit de Nantes & de révoquer les
priviléges accordés aux Calvinistes : mais
on ne poussa pas les choses si loin à leur
égard. Le Roi voulut bien leur pardon-
ner ; & par un *édit de grace* qui fut alors
rendu, il laissa subsister celui de Nantes,
que les Calvinistes ont toûjours regardé
comme leur loi fondamentale. On ôta seu-
lement l'exercice de la nouvelle religion,
à la Rochelle, à l'île de Ré, à Oléron, à
Privas, à Pamiers. Le Roi ayant accordé
aux Protestans une pleine & entiere am-
nistie de leurs séditions, la générosité, la
bonne foi, & surtout la crainte d'un Dieu,
dont le nom redoutable intervient d'une
maniere solemnelle dans les promesses &
dans les sermens, ne lui permettoient pas
de retracter la grace dont il les avoit fa-
vorisés. C'étoit une affaire finie, sur laquelle il ne lui convenoit point de revenir. S'il avoit dessein de les châtier de
leur résistance, c'étoit lorsqu'ils avoient
les armes à la main. Mais faire revivre un
crime, dont la memoire avoit été aboli, un

crime

crime qui avoit été pardonné, c'est se jouer de la bonne foi & de la crédulité des humains; c'est violer la religion de son serment, & ôter aux peuples toute confiance dans la parole royale.

Ces guerres civiles excitées dans la minorité de Louis XIII. furent comme les derniers soupirs de la rébellion mourante. Du moins on ne voit point dans l'histoire que les huguenots se soient révoltés depuis jusqu'au tems où l'édit de Nantes fut cassé. Soit que la rage des guerres civiles fût éteinte & que cette longue maladie fût degénérée en langueur; soit qu'un gouvernement ferme & vigoureux otât au parti Calviniste toute idée de résistance, il est certain que les huguenots d'alors n'étoient plus ceux de Jarnac, de Moncoutour & de Coutras. *Ils se firent même un mérite*, dit Mr. de Voltaire, *de rester tranquiles, au milieu des factions de la fronde & des guerres civiles, que des princes, des parlemens, & des évêques exciterent lorsqu'ils prétendirent servir le Roi contre le Cardinal Mazarin.* ibid. Un service si important fut payé par le Cardinal de l'amour qu'il inspira à la Reine mere, toute Espagnole qu'elle étoit, pour le parti Calviniste. Pendant tout le tems qu'a duré leur administration, il a trouvé dans leur puissante protection quelque support à la cour contre les injustices qu'on lui faisoit dans les provinces. Sa fidélité pendant les trou-

D 3                                    bles

bles de la minorité de Louis XIV. eſt at-
teſtée par des actes authentiques. Voici
ce qu'on lit dans une lettre écrite par ſa
majeſté l'an 1655. en Angleterre: *j'ai ſujet de louer leur fidélité & zéle pour mon ſervice: eux de leur part n'omettant aucune occaſion à m'en donner des preuves, même au
delà de tout ce qui s'en peut imaginer, con-
tribuant en toutes choſes au bien & avantage
de mes affaires.* La lettre de ſa majeſté très
chrétienne à l'Electeur de Brandebourg eſt
encore un monument bien honorable de
leur fidélité & des priviléges qui leur
furent renouvellés. En voici la teneur:
,, mon frere, je ne ſerois pas entré avec
,, un autre prince que vous, ſur le ſujet
,, dont vous m'écrivez, en faveur de mes
,, ſujets de la R. P. R. mais pour vous
,, marquer l'eſtime particuliere que j'ai
,, pour vous, je commencerai par vous
,, dire que des gens mal intentionnés à
,, mon ſervice ont publié chez les étran-
,, gers des libelles ſéditieux, comme ſi
,, l'on ne gardoit pas dans mes états les
,, déclarations & les édits, que les Rois
,, mes prédeceſſeurs ont donnés en faveur
,, de mes dits ſujets de la R. P. R. & que
,, je leur ai confirmés moi-même: ce qui ſe-
,, roit contre mon intention, car je prens
,, ſoin qu'on les maintienne dans tous les
,, priviléges qui leur ont été concédés, &
,, qu'on les faſſe vivre dans une parfaite
,, égalité avec mes autres ſujets. J'y ſuis
,, en-

,, engagé par ma parole royale , & par
,, la reconnoiffance que j'ai des preuves
,, qu'ils m'ont donnés de leur fidélité,
,, pendant les derniers mouvemens , où ils
,, ont pris les armes pour mon fervice, &
,, fe font oppofés avec vigueur & avec fuc-
,, cès aux mauvais deffeins qu'un parti de
,, rébellion avoit formé dans mes états
,, contre mon autorité, &c. ".

A quoi a-t-il donc tenu que les Protestans n'ayent été maintenus dans la poffef-
fion de leurs priviléges? Qui peut donc
avoir changé tout à coup l'efprit du Roi
contre fes fujets réformés? Pourquoi tous
ces édits portés coup fur coup, qui des-
lors préfageoient la révocation de celui
de Nantes, & dont le but étoit de miner
par degrés de tous côtés l'édifice de la religion Proteftante ? La politique n'eut
point de part à cette révocation qui fut
un des grands malheurs de la France. Il
eft impoffible que les maux quelle a en-
traînés, ne fe foient pas préfentés dans toute leur étendue aux yeux de Louis XIV.
Et quand on fuppoferoit qu'il ne les avoit
pas prévus, ce qui arriva dans tout fon
royaume, en conféquence de l'édit caffé,
étoit plus que fuffifant pour lui deffiller les
yeux fur cette foule de maux qui fondoient
fur l'état. ,, Près de cinquante mille famil-
,, les, remarque Mr. de Voltaire, en trois
,, ans de tems fortirent du royaume, &
,, furent après fuivies par d'autres. Elles
D 4                             allé-

,, allerent porter chez les étrangers les
,, arts, les manufactures, la richeffe. Pref-
,, que tout le Nord de l'Allemagne, pays
,, encore agrefte & dénué d'induftrie, re-
,, çut une nouvelle face de ces multitudes
,, transplantées. Elles peuplerent des vil-
,, les entieres. Les étoffes, les galons,
,, les chapeaux, les bas qu'on achetoit
,, auparavant de la France, furent fabri-
,, qués par eux. Un faubourg entier de
,, Londres fut peuplé d'ouvriers François
,, en foie; d'autres y porterent l'art de
,, donner la perfection aux criftaux, qui
,, fut alors perdu en France. On trouve
,, encore très communement dans l'Alle-
,, magne l'or que les Refugiés y répandi-
,, rent. Ainfi la France perdit environ
,, cinq cent mille habitans, une quantité
,, prodigieufe d'efpéces, & furtout des
,, arts dont fes ennemis s'enrichirent. La
,, Hollande y gagna d'excellens officiers
,, & des foldats. Le Prince d'Orange &
,, le Duc de Savoye eurent des regimens
,, entiers de réfugiés. ''

Ce tableau des miferes de la France ne
changea rien dans les difpofitions du mo-
narque François. Environné de fon Clergé, qui ne ceffoit de l'animer contre les
religionaires, il auroit cru trahir fa religion, en leur permettant d'exercer li-
brement la leur. Cette idée avoit fait fur fon
efprit une impreffion fi profonde, que ni
les motifs les plus puiffans de la politique,

ni

ni les néceſſités les plus grandes dans lesquelles il s'eſt trouvé, n'ont pû jamais l'engager à rétablir les refugiés. Le Clergé, qui ne vouloit aucun partage avec le Calvinisme ſon plus cruel ennemi, trouva le ſecret de jetter des frayeurs dans la conſcience timorée de Louis XIV. C'en fut aſſez pour déterminer le Roi, qui n'étoit nullement inſtruit du fond de la doctrine de réformés, à prendre les meſures les plus efficaces pour tâcher de déraciner du royaume leur ſecte qu'on lui peignoit des plus affreuſes couleurs. Si le Calvinisme eût été moins protégé, le Clergé eût moins oſé contre lui. Il étoit néceſſaire, vû l'eſprit de proſelitisme naturel à toute religion, que ces deux partis, à qui l'on donnoit une pleine liberté de déployer leur zéle, fuſſent toujours aux priſes l'un contre l'autre, & que le plus fort écraſât à la fin le plus foible. C'eſt auſſi ce qui eſt arrivé. La faute que commit Henri le grand, en accordant l'édit de Nantes, fut de n'avoir pas aſſez reſſerré les priviléges des Réformés. S'il les eût exclus de toutes les charges & dignités, ainſi qu'on le pratique à l'égard des Catholiques dans les ſept Provinces-unies; la tranquilité dont joüit la Hollande, malgré ce grand nombre de ſectes qu'elle renferme dans ſon ſein, nous eſt un ſur garant de celle dont joüiroit aujourdhui la France, en tolerant les réformés. Leur excluſion



de

d'autres. Quand elle n'auroit produit d'autre bien que celui d'obliger les hommes à se servir de leur raison; quand elle n'autoit fait que décrier mille superstitions populaires qui avoient pris naissance dans des traditions particulieres; quand elle n'auroit fait enfin qu'engager les ecclésiastiques à étudier & à sortir de l'ignorance crasse & honteuse, dans laquelle ils croupissoient presque généralement; ce devroit être du moins une raison pour les Catholiques de la tolérer dans tous les lieux de leur domination. Il est vrai qu'elle gâta ce bien, en ébranlant l'autorité de l'église, & en portant des mains audacieuses sur ses traditions constantes & universelles, qui font avec l'écriture un seul & même corps de révélation. Là religion a payé bien cher la réformation de quelques abus, qui donnerent naissance à l'héréfie. La réformation, après laquelle les vrais chrétiens soupiroient, devoit toucher aux mœurs & non à la foi. Comme la foi est l'ouvrage de Dieu, & qu'elle a reçu d'abord sa perfection, elle est immuable & ne se réforme point; bien différente en cela de l'héréfie à qui une foible production de l'esprit humain, ne peut se faire que par piéces mal assorties. Tertullien dans son excellent ouvrage des prescriptions, ouvrage où l'héréfie se trouve confondue & terrassée par cela-même qui la fait connoître, ouvrage qui auroit dû la

dé-

défendre contre l'héréſie des Montaniſtes, s'il eût été fidéle aux régles que lui-même avoit tracées ; Tertullien , dis - je, dans cet ouvrage, donne pour caractere à l'héréſie ſes propres variations. „ Les héré-
„ tiques, dit-il, varient dans leurs ré-
„ gles : chacun parmi eux ſe croit en droit
„ de changer & de modifier par ſon pro-
„ pre eſprit ce qu'il a reçu. Comme c'eſt
„ par ſon propre eſprit que l'auteur de
„ la ſecte l'a compoſé, l'héréſie retient
„ toûjours ſa propre nature en ne ceſſant
„ d'innover, & le progrès de la choſe eſt
„ ſemblable à ſon origine. Ce qui a été
„ permis à Valentin l'eſt auſſi aux Valen-
„ tiniens : les Marcioniſtes ont le même
„ pouvoir que Marcion, & les Auteurs
„ d'une héréſie n'ont pas plus de droit d'in-
„ nover que leurs ſectateurs : tout chan-
„ ge dans les héréſies; & quand on les
„ pénétre à fond, on les trouve dans leur
„ ſuite différentes en beaucoup de points
„ de ce qu'elles ont été dans leur naiſſan-
„ ce ".

La corruption ſi ordinaire aux hommes peut ſe gliſſer dans ceux-mêmes qui pro-feſſent la foi Orthodoxe ; mais les vrais enfans de l'égliſe, en travaillant à ſe ré-former, ne penſent point à réformer la foi. Ils ſavent qu'elle eſt l'ouvrage de Dieu même, & qu'il a promis de la main-tenir dans toute ſa pureté contre les efforts redoublés de l'enfer, tout auſſi longtems

qu'il

qu'il y aura des hommes qui habitent sur cette terre. Le monde physique suit constamment les loix invariables qui lui ont été une fois prescrites : croit-on que le monde spirituel, pour qui le monde physique existe, intéressera moins Dieu à sa conservation, & qu'il fera dépendre sa durée du caprice des hommes ? Il n'y a point d'homme, ni même de nation, que la foi ne puisse abandonner. Elle n'est fixée dans aucun endroit de la terre. Les ténébres de l'erreur peuvent se répandre dans les lieux qu'elle éclaire de sa lumiere ; mais dans ce grand nombre de révolutions qui bouleversent le monde entier, Dieu sait la rendre fixe & constante ; & sa lumiere est toûjours assez vive, pour ramener dans le port ceux que l'erreur en éloigne. Mais nous éteignons cette lumiere pour ceux contre qui nous employons la violence & la persécution. Le feu de nos buchers ardens n'est pas propre à éclaircir les yeux de l'hérétique & du mécréant. Ils ne peuvent l'être que par cette lumiere douce, qui brille dans les discours & dans les livres. Encore cette lumiere, quoique présentée par des mains délicates, blesse-t-elle le plus souvent les yeux de l'hérétique, qui ressemble à ces oiseaux de nuit qui ne peuvent souffrir la lumiere du jour. Il nous est ordonné d'avoir du zéle pour la vérité ; mais il ne faut pas que son feu consume, ravage & détrui-

se

fe. C'eſt aux rayons de la charité qu'il doit être allumé, afin que par ſa douce chaleur il éclaire, fertiliſe & purifie. Le zéle & la charité ſont deux vertus qui partent de la même ſource, & qui ſe confondent l'une & l'autre dans une même flâme. C'eſt un faux zéle, que celui qui, revêtant un eſprit cruel & féroce, un eſprit de perſécution & de haîne, ſignale contre le genre humain les noires fureurs qui l'agitent.

Je n'attens pas plus de juſtice de la plûpart des Proteſtans. Ils me reprocheront de ce qu'en plaidant leur cauſe auprès des Catholiques, je les ai peints comme des hérétiques à leurs yeux. A quoi bon, me diront-ils, cette longue digreſſion ſur la diſtinction des articles fondamentaux & non fondamentaux, qui fait l'objet du premier livre? N'eſt-elle pas étrangere au but que je m'étois propoſé, d'éteindre toutes les inimitiés qui diviſent les deux religions? En travaillant à établir, que les principes de la réforme conduiſent à l'indifférence des religions, ai-je donc pû me perſuader que c'étoit là un excellent moyen pour diſpoſer en leur faveur les eſprits prévenus des Catholiques? A la bonne heure, me diront-ils, que vous ſoyez nourri dans des ſentimens romains: mais puisque vous avez tant fait que de travailler à inſpirer à ceux de votre parti un eſprit de tolerance pour ce que vous

ap.

appellez nos erreurs; vous deviez, ce semble, éviter de nous repréfenter à eux par le côté qui leur eft odieux. Vous deviez imiter ces peintres, qui peignent de profil les défauts qu'ils veulent cacher. Une main Romaine ne peut être que malheureufe pour la caufe Proteftante. Laiffez nous faire notre apologie, nous y réuffirons beaucoup mieux que vous. Vous gâtez tout ce que vous touchez, quand cela nous regarde.

Pour répondre à ces reproches, qui ne manqueront pas de frapper l'efprit des Proteftans, je leur repréfenterai, que, fi je fuis entré dans des queftions controverfées depuis longtems entr'eux & les catholiques, ce n'a point été dans le deffein de renouveller de vaines difputes. Après ce qu'on a écrit de part & d'autre fur toutes ces matieres là, je ne dois pas préfumer que le peu que j'en ai dit raméne les efprits. La foible voix de l'homme, fi elle n'eft aidée d'une grace forte & puiffante, ne fauroit brifer les obftacles nés des préjugés de religion. Je leur dirai auffi que j'aurois beaucoup nui à leur caufe, fi je n'avois pas touché à toutes ces queftions. Si elles leur font inutiles, parceque je ne me flatte pas de les avoir maniées avec cette force qui entraîne la conviction, elles ne le font pas pour les catholiques, accoûtumés à avoir de l'indulgence pour les preuves qui favorifent leurs préten-

tentions, fuſſent-elles extrêmement foibles; en quoi ils reſſemblent à tous les
hommes. Et ces catholiques, qui voient
dans tous les ouvrages des Proteſtans, où
il eſt traité de la liberté de conſcience,
une union indiſſoluble entre la tolerance
civile & la tolerance eccléſiaſtique, ſe pré-
viennent contre la premiere, quelque ſo-
lidement établie qu'elle ſoit, à cauſe de la
ſeconde qui eſt abſolument incompatible
avec les principes de leur égliſe. Il a donc
fallu ſéparer ces deux tolerances, que les
Proteſtans ſe plaiſent à confondre, & faire voir que l'une n'entraîne point néceſſaire-
ment l'autre. Cette ſéparation faite, &
l'intolerance eccléſiaſtique demeurant in-
tacte, les preuves, ſur quoi l'on fonde la
tolerance civile en fait de religion, en-
trent d'elles-mêmes dans les eſprits, où
elles ne trouvent plus d'obſtacles à ſur-
monter. C'eſt un avantage que cet écrit a
ſur tous ceux qui traitent de la liberté de
conſcience. Il peut le céder à quelques-
uns d'entr'eux pour la maniere dont les
preuves y ſont tournées, pour l'élégance
du ſtile, pour le coloris des penſées, pour
la force des raiſonnemens. Mais ce dé-
faut, qui eſt celui de l'Auteur, eſt abon-
damment compenſé par la ſéparation qu'il
a fait des deux tolerances, la civile &
l'eccléſiaſtique. Dans les écrits des Proteſtans elles marchent toûjours de front.
Les Catholiques qui les liſent ſe rempliſ-

fent de préjugés contre l'une & l'autre. Je laiffe à Bayle la gloire d'établir fur de folides fondemens la liberté de confcience. Qui mieux que lui pouvoit y réüffir? La mienne à moi fi pourtant cet ouvrage en mérite quelqu'une, c'eft d'avoir détruit dans l'efprit des catholiques les préjugés qui les empêchent de fentir la force des raifonnemens de ce philofophe, & d'avoir prouvé qu'on peut être très bon Romain, & aimer fon frere le Calvinifme.

*Fin du troifiéme & dernier Livre.*

# TABLE DES CHAPITRES
de la troifiéme Partie.



Fin de la Table.